AF273143

Amsterdam

Der praktische Reiseführer
für Ihren Städtetrip

Impressum
Copyright © 2015 by arp / Ausgabe Januar 2023
Herausgeber by arp
Ledererstraße 12, 83224, Grassau, Deutschland
Alle Rechte vorbehalten
Das Werk ist urheberrechtlich geschützt und darf auch aus-
zugsweise nur mit Genehmigung des Herausgebers wie-
dergegeben werden.
Covergestaltung by arp
Text und Fotos: Angeline Bauer
Coverfoto: Grachtenhäuser in Amsterdam
Kontakt: inf@by-arp.de
Besuchen Sie uns im Internet: http://www.by-arp.de

Sämtliche Angaben erfolgen unverbindlich und ohne Ge-
währ. Wir beziehen uns neben persönlichen Erfahrungen
hauptsächlich auf Recherchen im Internet, Webseiten der
Stadt Amsterdam und Hinweise der Touristik-Information.

Dieser Reiseführer ist ein praktischer Begleiter für Ihren Städte-Kurztrip. Was die Auswahl der Sehenswürdigkeiten betrifft, beschränkt er sich auf das Wesentliche und ist für Leute konzipiert, die nur ein oder zwei Tage in Amsterdam verbringen können.

Das Besondere an diesem Reiseführer: Der Altstadt-Rundgang, den wir für Sie zusammengestellt haben, bringt Sie in logischer Reihenfolge zu den angesagtesten Sehenswürdigkeiten. Viele Tipps und die wichtigsten Adressen, Links und Telefonnummern ersparen Ihnen in der Vorbereitungsphase für Ihren Städtetrip mühevolles Recherchieren. Besondere Museen und Festivals finden ebenso Erwähnung wie regionale Spezialitäten oder mögliche Sightseeing- Touren. Hotels oder Restaurants werden nicht empfohlen.

Tipp: Lesen Sie die informativen Artikel am Ende dieses Reiseführers bereits vor Abreise, damit Sie sich auf die örtlichen Gegebenheiten einstellen können und vor unangenehmen Überraschungen sicher sind.

Da sich Preise und Öffnungszeiten von touristischen Einrichtungen jederzeit ändern können, geben wir Links oder Telefonnummern an, damit Sie sich selbst erkundigen können.

Inhaltsverzeichnis:

Allgemeines 8

Geschichte in Kürze 11

Rundgang 19

Amsterdam Centraal Station – der Hauptbahnhof... 19

Die Grachten 22

Die Grachtenhäuser 23

Der Jordaan 25

Spaziergang durch den Singel 28

De Westerkerk (die Westkirche) 29

Der Turm der Westerkerk 31

Das Umfeld der Kirche 34

Das Anne-Frank-Haus 36

Leidseplein 39

Blumenmarkt 41

De Munt (Münzturm) 45

De Dam 46

Das Nationalmonument 49

Der Königspalast (Koninklijk Paleis) 50

De Nieuwe Kerk 51

Das Rotlichtviertel 54

Das 'Red Light Secret' – ein Prostitutionsmuseum. 56

De Oude Kerk 58

Onze lieve Heer op solder 61

Ein zweiter oder dritter Tag in Amsterdam 63

Museen...63

Das Rijksmuseum, ...64

Das Van Gogh Museum 65

Diamantenschleiferei 65

Museum Het Rembrandthuis 66

Das Tropenmuseum 66

Het Scheepvaartmuseum (Schifffahrtsmuseum) 66

Hash Marihuana & Hemp Museum.......................67

Museum Het Grachtenhuis 67

Das Brillenmuseum 68

Bibel–Museum...68

Pipe-Museum-Amsterdam (Tabakspfeifenmuseum)
....68

Musik, Theater, Feste 69

Königstag – 27. April 69

Befreiungstag..70

Holland Festival...70

Freilufttheater im Vondelpark 71

Amsterdam Gay Pride – 1. Wochenende im August
....72

Jordaan Festival – jährlich, im September (genauer Zeitpunkt siehe Internet)...72

Uitmarkt – jährlich, Ende September 73

Amsterdam Dance Event – jährlich Mitte Oktober.74

Nacht der Museen..74

Nikolaustag – 5. Dezember 75

Sail Amsterdam 75

Infos, wichtige Adressen, Sightseeing und mehr........76

Amsterdam für Menschen mit Geh- oder Sehbehinderung 76

Amsterdam mit Hund 79

Verkehrsvorschriften für PKW und Camper...........81

Parken in Amsterdam für PKW und Camper..........83

Parken für Camper und Campingplätze..................85

Öffentliche Verkehrsmittel......................................87

Taxi...89

Ankunft mit dem Kreuzfahrtschiff 90

Touristenauskunft 91

Die I Amsterdam City-Card 92

Hostels und Jugendherbergen.................................92

Sightseeing mit Boot, Bus, Kutsche oder Segway ..93

Fahrradfahren und Fahrradverleih 95

Telefon / Post / Strom / Wasser...............................98

WIFI und Internetcafés 99

Die niederländische Währung ist der Euro. 1- und 2-
.... 100

Essen und Trinken und Trinkgeld 100

Amsterdams Kneipen 102

Einkaufen, Souvenirs und Öffnungszeiten 105

Einreisebestimmungen und Zoll 108

Das sollten Sie wissen 109

Klima 110

Telefonnummern und Adressen für Notfälle 110

Pannen- und Notfallhilfe der Automobilclubs: .. 111

Falls Ihre Geldkarte verloren ging: 112

Konsulate in Amsterdam: 113

Nützliche Vokabeln 114

Weitere Reiseführer aus unserem Verlag 120

Allgemeines

Die Niederlande sind eine parlamentarische Monarchie. Sie gliedern sich in zwölf Provinzen, wobei Amsterdam in der Provinz Nordholland liegt. Normalerweise ist die Hauptstadt eines Landes auch Regierungssitz – anders hier. Der Regierungssitz befindet sich in Den Haag, während Amsterdam Hauptstadt ist.

Amsterdam liegt an der Amstel, die eigentlich gar keine richtige Mündung mehr hat. Mitten in der Innenstadt, nämlich am Muntplein, wird sie teilweise durch Rohrleitungen ins IJ abgeleitet, großteils aber über das Grachtensystem abgeführt. Ihre eigentliche Mündung, zwischen Rokin und Damrak, wurde längst zugeschüttet und bebaut. Das IJ (Ei gesprochen) war damals noch ein Meeresarm der Zuiderzee und ist heute ein an die Stadt grenzendes Binnengewässer.

Amsterdam ist weltoffen, multikulturell und hat die meisten Einwohner des Landes. Allein im Stadtgebiet leben mehr als achthunderttausend Menschen. Nimmt man den Ballungsraum und die umliegenden Gemeinden hinzu, kommt man auf fast zweieinhalb Millionen Einwohner.

Das Charakteristischste an der Altstadt sind die hufeisenförmig angelegten, von beeindruckenden Herrenhäusern und Kornspeichern gesäumten Grachten (Kanäle), die das historische Stadtzentrum in mehreren 'Ringen' umschließen. Sie sind nicht nur als hervorragendes städtebauliches Kunstwerk zu betrachten, sondern zeugen auch vom einstigen Reichtum und der kulturellen Blütezeit Amsterdams im 17. Jahrhundert. Überspannt werden die Kanäle und Wassergräben, deren Wasserspiegel etwa 40 cm unter dem Meeresspiegel liegt, von 1539 kleinen und großen Brücken. 252 dieser Brücken befinden sich in der Innenstadt.

Neben dem Grachtengürtel von Amsterdam zählen acht weitere Kultur- und Naturdenkmäler der Niederlande zum UNESCO Welterbe. Es sind die Verteidigungslinie von Amsterdam (Stelling van Amsterdam), die ehemalige Insel Schokland in der Provinz Flevoland, die Windmühlen von Kinderdijk, das Dampfpumpwerk Wouda, der Beemster-Polder, das Rietveld-Schröder Haus, Willemstad auf Curaçao und das Wattenmeer, das sowohl zu Deutschland als auch zu den Niederlanden gehört.

Es ist noch nicht einmal hundert Jahre her, da lag das Randgebiet Amsterdams noch an einem 'Meeresarm', der sich von Norden her ins Hinterland drängte. Doch durch den Bau eines 29 Kilometer langen und 90 Meter breiten Deichs, der 1932 fertiggestellt wurde, trennte man diesen Meeresarm von der Nordsee ab. So entstand der größte Binnensee der Niederlande, das IJsselmeer [Eiselmeer]. Es hat eine mittlere Tiefe von 5,50 m und eine Fläche von 1.100 Quadratkilometern. Der Hauptzufluss dieses Binnensees, die IJssel, kommt aus dem Gelderland und gab ihm seinen Namen.

Zu den berühmtesten Söhnen und Töchtern von Amsterdam gehören unter anderem der Friedensnobelpreisträger Tobias Asser, die Fußballspieler Johan Cruyff und Ruud Gullit, der fünfte offizielle Schachweltmeister Max Euwe, sowie Frits Zernike, Nobelpreisträger für Physik.

Ob im Stadtwappen, auf Häusergiebeln oder den sogenannten 'Amsterdammertjes' (so heißen die dunkelbraunen eisernen Begrenzungspfähle, die man in der Innenstadt überall am Straßenrand sieht), immer wieder begegnet man dem Symbol der drei übereinanderstehenden Kreuze. Die Mutmaßungen der

Touristen sind vielfältig, doch meist falsch. Das Rätsel ist schnell aufgeklärt: Es handelt sich um Andreaskreuze. Bereits seit dem Mittelalter tauchen sie in Amsterdam immer wieder auf, ab 1505 mussten sogar alle Schiffe, die hier registriert waren, die Flagge mit den drei Kreuzen führen. Man nimmt an, dass sie als Stadtsymbol gewählt wurden, weil der Apostel Andreas, wie die Gründer Amsterdams, Fischer war.

Geschichte in Kürze

Das Gebiet um Amsterdam war bis ins 12. Jahrhundert hauptsächlich Moor- und Sumpfland und wurde von mehreren Flüssen durchzogen. Bauen musste man auf Pfählen, die tief in den morastigen Boden gerammt wurden, um so einen festen Untergrund zu schaffen. Dadurch eignete sich die Gegend nur bedingt als Siedlungsraum, und es gab zu dieser Zeit nicht mehr als ein paar kleine Weiler, in denen Fischer lebten.

An einem dieser Flüsse, der Amstel, wurde im 13. Jahrhundert die Errichtung eines Schleusendammes notwendig, um die nachfolgenden Dörfer vor Sturmfluten zu schützen. Aus den beiden Ansiedlungen, die rechts und links des Ufers lagen, und die nun durch den Damm miteinander verbunden waren, entstand ein Ort mit dem Namen 'Amstelredam'. Daraus wurde 'Amstelledamme' und schließlich 'Amsterdam'. Noch heute werden die an dieser Stelle gelegenen Stadtteile Oude Zijde (alte Seite) und Nieuwe Zijde (neue Seite) genannt, und der Platz, der an der Stelle des Amstel-Damms entstand, heißt 'Dam'. Dieser Platz, auf dem 1648-65 das Rathaus erbaut wurde – heute ist es der Königspalast - bildet den Kern der Stadt.

Im 13. Jahrhundert erhielt Amsterdam die Stadtrechte und das Privileg, die holländischen Gewässer frei befahren zu dürfen. Dieser Schritt war entscheidend für den wirtschaftlichen Aufschwung der Stadt. Nach und nach entwickelte sich aus der ehemaligen Fischersiedlung ein kleiner Hafen, und schon bald wurde Handel betrieben. Zu Beginn vor allem mit Hering aus den eigenen Gewässern und Bier, das aus Hamburg importiert wurde. Als sich der Legende nach am 12. März 1345 das 'Mirakel von Amsterdam', das sogenannte 'Hostienwunder', ereignete (die erbrochene Hostie eines Sterbenden wurde im Feuer wieder ganz), strömten zudem Hunderte und bald Tausende von Pilgern in die Stadt. Auch sie brachten Reichtum, und die Einwohnerzahl wuchs.

Der 'Schwarze Tod' machte auch vor Amsterdam nicht Halt. Insgesamt siebenunddreißigmal brachen Pestepidemien aus und rafften große Teile der Bevölkerung dahin. Zahlreiche Brände taten ein Übriges, denn die Holzhäuser Amsterdams waren mit Stroh gedeckt und konnten allzu leicht Feuer fangen. Immer wieder zerstörten sie die Stadt und forderten zahlreiche Menschenleben. Um dem entgegenzuwirken, wurde schließlich eine Bauordnung erlassen, nach der nur Häuser aus festem Baumaterial errichtet werden durften.

Im 16. Jahrhundert war der streng katholische spanische König Philipp II. Landesherr der Niederlande. Unerbittlich ging er gegen die 'protestantischen Ketzer' vor und trieb die Ausweitung seiner Machtbefugnisse auf Kosten des städtischen Bürgertums voran. Das hatten zufolge, dass sich 1572 fast alle holländischen Städte auf die Seite einer Gruppe Aufständischer schlugen, die sich unter Führung von Willem van Oranje (dem späteren Wilhelm I.) gegen die spanische Vorherrschaft versetzten. Nur Amsterdam hielt dem

König noch die Treue. Die Folge war, dass die niederländischen Rebellen den Amsterdamer Hafen blockierten, wodurch die Stadt zunehmend verarmte. Erst 1578 schloss sich auch Amsterdam den Aufständischen an und wurde protestantisch.

Nach der Eroberung Antwerpens durch die Spanier waren viele reiche Juden nach Amsterdam geflüchtet und brachten zusätzliches Kapital in die Stadt. Hatten die Niederländer ihren Gewürzhandel einst mit den Spaniern betrieben, waren sie jetzt durch den Dauerkonflikt mit ihnen gezwungen, selbst Handelsexpeditionen zu den Gewürzinseln in Ostindien zu schicken. Das erwies sich als voller Erfolg, und man beschloss, sich dort zu festigen. Anno 1602 wurde die Vereenigde Oost-Indische Compagnie gegründet, und schon bald stapelten sich in den Lagerhäusern am Hafen und an den Grachten Gewürze, Seide und andere Kostbarkeiten. Damit hatte sich Amsterdam Mitte des 17. Jahrhunderts zur wohlhabendsten Stadt Europas gemausert.

Zu dieser Zeit entstanden die schönsten Stadtviertel Amsterdams - der Grachtengürtel und der Jordaan. Auch Kunst und Kunsthandel erlebten im 17. Jahrhundert ihre Blütezeit. Maler wie Rembrandt van Rijn, Johannes Vermeer und Jan Steen errichteten ihre Ateliers und erschufen mithilfe ihrer Schüler unzählige großartige Werke.

Das Blatt wendete sich 1672, als sich die Niederlande gleichzeitig in einen Krieg mit Frankreich und England verwickelten, der sieben Jahre dauerte und zum Vorteil der Franzosen endete. Die Handelsflotten aus Indien konnten während dieser Zeit den Hafen nicht mehr erreichen. Damit verlor Amsterdam seine Vormachtstellung als einer der bedeutendsten Umschlaghäfen für den Welthandel.

Not macht bekanntlich erfinderisch, und Geld war ja vorhanden. Also verschafften sich die reichen Amsterdamer Kaufleute Einfluss auf dem Geldmarkt. Sie finanzierten europäischen Fürsten ihre kostspieligen Kriege, und so wandelte sich die einstige Handelsmacht zu einem weltweit führenden Finanzzentrum. Noch heute finden sich Bankenkonsortien in Amsterdam, die weltweit Geschäfte betreiben – darunter die Aegon, ABN-Amrobank, Rabobank, ING-Bank und viele mehr.

Am 23. Juni 1806 wurde Louis Bonaparte König von Holland und erklärte Amsterdam zu seiner Hauptstadt. Von da an verarmte die einst so reiche Stadt zunehmend. Erst mit der Eröffnung des Nordseekanals, der seit 1876 die Nordsee mit dem IJsselmeer verbindet, erlebte sie einen neuen Aufschwung. Wie schon einmal entwickelte sich Amsterdam zum Mittelpunkt des kulturellen und wissenschaftlichen Lebens der Niederlande - doch ökonomisch wurde die Stadt mehr und mehr von Rotterdam überflügelt.

Im Ersten Weltkrieg blieben die Niederlande neutral. Trotzdem war die Versorgung mit Nahrungsmitteln, u.a. auch durch den Zustrom von Emigranten, ein großes Problem und vieles nur noch auf Lebensmittelkarten erhältlich. Die Niederländer litten zunehmend Hunger. 1917 wurde bekannt, dass ein Schiff im Hafen von Amsterdam lag, das mit niederländischen Kartoffeln beladen werden sollte, um sie in die kriegsführenden Länder zu exportieren. Die Bürger gingen auf die Barrikaden - es kam zum sogenannten Kartoffelaufstand.

Elf Jahre später, nämlich 1928, verschafften die IX. Olympischen Sommerspiele, die in Amsterdam stattfanden, der Stadt für kurze Zeit neuen Glanz. Doch schon bald zeigten sich mit der weltweiten Wirtschaftskrise der 1930-iger Jahre wieder Schatten über Europa und damit auch über der niederländischen Hauptstadt.

1934 kam es in Amsterdam zum Eklat. Um die Schulden zu begrenzen, wurde den rund fünfzigtausend Arbeitslosen das Stempelgeld gekürzt. Die Kommunistische Partei organisierte daraufhin einen Aufstand. Vor allem im Stadtviertel Jordaan eskalierten die Unruhen, und es kam zu Straßenkämpfen zwischen Demonstranten und Polizei. Die Proteste wurden niedergeschlagen, es blieb bei der Kürzung des Arbeitslosengeldes.

Am 16. Mai 1940 besetzen deutsche Truppen die Stadt. Etwa hunderttausend Amsterdamer Juden fanden in Konzentrationslagern den Tod. Amsterdam selbst blieb im Zweiten Weltkrieg weitgehend verschont, die Grachtengürtel und Sehenswürdigkeiten erhalten. Millionen Urlauber aus aller Welt besuchen die Stadt Jahr für Jahr - die Tourismusbranche boomt. Doch auch so weltberühmte Firmen wie die Brauerei Heineken, der Elektronikkonzern Philips, Shell, einige Großbanken und Computerfirmen und zu guter Letzt der Hafen von Amsterdam tragen zum Unterhalt der Bürger bei.

Statue von Rembrandt am Rembrandtplein

Rundgang

Wir beginnen unseren Rundgang am Hauptbahnhof. Falls Sie mit dem Zug oder dem Schiff ankommen, landen Sie ohnehin dort. Reisen Sie mit dem Auto an, gibt es am Hauptbahnhof zwei günstige Möglichkeiten zu parken (siehe den Artikel Parken weiter unten, den Sie unbedingt vorab lesen sollten). Auch vom Flughafen aus nehmen Sie am besten die S-Bahn, denn sie ist schnell und günstig.

Natürlich müssen Sie nicht am Bahnhof anfangen, Sie können an jeder beliebigen Stelle in den Rundgang einsteigen. Folgen Sie unserer Wegebeschreibung bis zum Bahnhof und von dort weiter bis zu der Stelle, an der Sie den Rundgang begonnen haben.

Achtung: Für unseren Rundgang verlassen Sie den Bahnhof zur Stadtseite, nicht zum Wasser hin!

Amsterdam Centraal Station – der Hauptbahnhof

Der Hauptbahnhof ist Knotenpunkt für den regionalen und städtischen Verkehr. Hier hat man Anbindung an Busse, Straßenbahnen und die Metro, selbst Fahrräder kann man im Bahnhof mieten.

Er wurde Ende des 19. Jahrhunderts auf drei künstlichen Inseln gebaut. Rund 9000 Holzpfähle, aufrecht in den Boden gerammt, tragen seine Fundamente. Das Gebäude besteht aus rotem Backstein mit Dekorationen aus Naturstein. Der Haupteingang wurde von Architekt Pierre Cuypers in Form eines Stadttores mit zwei flankierenden Türmen entworfen, um den Reisenden den Eindruck zu vermitteln, die Stadt durch ein Tor zu verlassen. Am Giebel ist das Reichswappen zu sehen, das von zwei Löwen gehalten wird, darunter vierzehn Wappen von Weltstädten wie Berlin, Paris oder Sankt Petersburg, die schon damals von 'Amsterdam Centraal' aus per Bahn zu erreichen waren. Zu den bekanntesten Fernzügen, die hier verkehrten, zählten Luxuszüge wie Edelweiss, Étoile du Nord, L'Oiseau bleu, Riviera-Express oder Rheingold.

Bei seiner Einweihung am 15. Oktober 1889, gab es nur die vordere, der Stadt zugewandte Ankunftshalle. Die zweite Ankunftshalle, die auf der Wasserseite liegt, wurde im Jahr 1922 fertiggestellt. Die Überdachung zwischen beiden Hallen stammt aus dem Jahr 1996.

Bei seiner Erbauung verfügte der Bahnhof über gesonderte Warteräume für ausländische Reisende und die königliche Familie. Letztere konnte durch ein breites Tor mit einer Kutsche direkt ins Innere des 'Königspavillon' chauffiert werden. Blickt man von der Stadt auf den Bahnhof, liegt der Königspavillon rechts außen (Ostflügel) und ist leicht nach vorne versetzt.

Gegenüber dem Ostflügel des Bahnhofs liegt das ehemalige 'Smits Koffiehuis', das 1911 gegründet wurde und im Frühjahr 2015, nach fünfundneunzig Jahren seines Bestehens, den Betrieb einstellte. Nun befindet sich neben einem Touristenbüro ein Restaurant in dem denkmalgeschützten Gebäude. Als 1972 die Metro in Amsterdam gebaut wurde, musste 'Smits Koffiehuis' abgetragen und später wieder aufgebaut werden.

Tipp: Auch wenn wir die Route unseres Rundgangs genau beschreiben, besorgen Sie sich im Touristenbüro zur Sicherheit einen kostenlosen Stadtplan!

Bevor Sie sich auf den Weg machen, nehmen Sie sich ein wenig Zeit, um etwas über die Grachten, die Grachtenhäuser und den Jordaan zu erfahren, der zu den schönsten und 'angesagtesten' Stadtteilen Amsterdams gehört.

Die Grachten

Amsterdam wird auch als 'Venedig des Nordens' bezeichnet. Fast 7.000 Kaufmanns- und Lagerhäuser aus dem 16. bis 18. Jahrhundert säumen die hundertfünfundsechzig Grachten (Kanäle) der Stadt, die einst als Transportwege vom Hafen zu den Handelskontoren genutzt wurden. Dazu prägen nahezu eintausenddreihundert Brücken das Stadtbild.

Der 'Singel' ist die innerste Gracht. Er war einst Festungsgraben, der den Stadtkern bis Ende des 16. Jahrhunderts im Westen begrenzte. Wegen der wachsenden Bevölkerung wurde eine Stadterweiterung nötig, und so wurden Anfang des 17. Jahrhunderts die Herren-, Keizers- und Prinsengracht angelegt und durch viel kleinere Quergrachten miteinander verbunden. Dieses Gefüge bildet den sogenannten 'Grachtengürtel', der die Innenstadt hufeisenförmig umschließt. Er gilt als beispielhafte Baukunst des auslaufenden Mittelalters bzw. der Frühen Neuzeit und wurde deshalb in die Liste des UNESCO-Weltkulturerbes aufgenommen.

Weitere Grachten wurden in späterer Zeit hinzugefügt.

An den Ufern der Kanäle findet man ausschließlich Ulmen, da sie ausgesprochene Tiefwurzler sind und nur so gewährleistet ist, dass die Bäume die Kaden (Kanalbefestigungen) nicht aufbrechen. Die gut zweitausend Hausboote, die in den Grachten liegen, verfügen über Strom- und Wasseranschluss. Die Abwässer der Hausboote fließen direkt in die Grachten, die zweimal täglich 'gespült' und hin und wieder ausgebaggert werden. Den Spülvorgang kann man am auf- und absteigenden Wasserpegel der Grachten gut beobachten.

Heute werden die Grachten hauptsächlich von Touristenbooten befahren und viele der Hausboote als Touristenunterkünfte angeboten. Leider sind es auch die Touristen, die ihren Abfall in den Grachten entsorgen. Für das Meer eine große Belastung.

Die Grachtenhäuser

Wie in vielen bedeutenden Städten des späten Mittelalters war es auch in Amsterdam üblich, die Steuern für ein Gebäude nach seiner zur Straße gelegenen Breite zu bemessen. Aus diesem Grund wurde vor allem in die Tiefe gebaut und sind die Vorderfronten der Grachtenhäuser schmal und hoch. Diese

Bauweise hatte zur Folge, dass auch die Treppenhäuser äußerst schmal waren und deshalb

sperrige Güter oder Möbel über einen Flaschenzug in die oberen Stockwerke gehievt werden mussten.

Die Fassaden der Häuser wurden 'op vlucht' gebaut, das heißt, leicht nach vorne geneigt. Oft kann man in Reiseführern lesen, das sei so gemacht worden, damit die Gegenstände, die hochgehievt werden, nicht gegen die Wände schrappen. Falsch! Diese Bauweise war nötig, um die Fassaden vor Nässe und das Eindringen von Regenwasser zu schützen. Die Wände der alten Grachtenhäuser bestehen aus einer Lehm-Holz-Konstruktion. Durch die leichte Neigung nach vorne tropft das Wasser ab, statt ins Mauerwerk einzudringen.

Dass viele der Häuser 'schief' sind, hat einen anderen Grund. Durch den morastigen Boden musste das historische Amsterdam auf Holzpfählen gebaut werden. Im Laufe der Jahrhunderte sind diese teilweise abgesackt oder vermodert, die Gebäude haben sich zur Seite geneigt und stützen sich nun sozusagen gegenseitig. Inzwischen werden zum Bauen Betonpfähle verwendet, deshalb bleiben moderne Gebäude aufrecht stehen.

Die Giebel galten als 'Schaustück' der Grachtenhäuser. Sie wurden vornehmlich in vier Variationen gebaut – Glockengiebel, Leistengiebel, Schnabelgiebel und Treppengiebel.

Der Jordaan

Nachdem sich 1578 nach langem Zögern auch Amsterdam auf die Seite Willems von Oranien geschlagen hatte, wuchs durch den Zustrom französischer, deutscher und belgischer Immigranten, die in der Hauptsache Handwerker waren, die Einwohnerschaft der Hauptstadt sprunghaft an. Um sie alle unterbringen zu können, entstand das Arbeiterviertel 'Jordaan'.

Damals gehörte der Stadtteil noch zu den ärmeren Gegenden, heute ist es 'hip', dort zu wohnen. Enge Gässchen mit kleinen, oft nur zwei- oder dreistöckigen Häusern, gemütliche Kneipen, Läden und Boutiquen und hunderte von Fahrrädern prägen das Bild. Auch einige kleine Museen sind im Jordaan zu finden. Darunter das Hausbootmuseum, das Bibel–Museum, das Tulpenmuseum, das Niederländische Institut für Kriegsdokumentation, ein Brillenmuseum und natürlich das weltberühmte Anne-Frank-Haus.

Wie der Jordaan zu seinem Namen kam, ist unklar. Dass er sich auf den Fluss gleichen Namens oder das Land Jordanien bezieht, ist theoretisch möglich aber eher unwahrscheinlich. Angesichts der vielen Straßen mit Namen aus dem Reich der Pflanzen (Blumengracht, Rosengracht, Lindengracht, Baumstraße, Gartenstraße u.m.), liegt die Vermutung nahe, dass sich der Name dieses Viertels aus dem französischen Wort 'jardin' (Garten) gebildet hat. Noch heute findet man vor allem im Norden des Jordaan hinter vielen Häusern zauberhafte Gärten.

In den Krisenjahren (um 1934) brach im Jordaan ein Aufstand aus, der als Jordaanaufstand in die Geschichte einging. Nach einer drastischen Kürzung der Arbeitslosenunterstützung, von der viele Menschen in dem damals ärmlichen Viertel leben mussten, kam es zu Straßenkämpfen. Die aufgebrachten Menschen bewarfen Polizisten mit Pflastersteinen. Doch alles, was sie damit erreichten war, dass die Straßen im Jordaan asphaltiert wurden, um solche Attacken zukünftig zu vermeiden.

Auch Musik spielt in diesem Stadtteil seit eh und je eine wichtige Rolle, was eine Statuengruppe an der

Ecke Prinsengracht-Elandsgracht belegt, die Büsten einiger der bekanntesten Sänger aus diesem Stadtteil zeigt.

Spaziergang durch den Singel

Wir führen Sie jetzt entlang einiger Grachten durch dieses ursprüngliche 'Stück Amsterdam', das jedem Freilichtmuseum der Welt die Schau stiehlt! Dieses Teilstück unseres Spazierganges (vom Bahnhof bis Westerkerk) ist etwa zwei Kilometer lang. Bei zügigem Schritt bräuchte man 20 bis 25 Minuten für die Strecke – aber es lohnt sich!

Den Bahnhof im Rücken, geradeaus bis zum Viktoria Hotel. Vor dem Hotel rechts, Richtung Westen. Sie befinden sich nun auf der Prins Hendrikkade. Gehen Sie weiter geradeaus bis zur ersten Gracht – das ist der Singel, der einstige Festungsgraben.

Überqueren Sie den Singel und biegen nach der Brücke links ab. Achten Sie auf Haus Nr. 7 (rechts vom Hotel Liberty), das auf der gegenüberliegenden Seite der Gracht liegt. Es ist gerade breit genug für eine Tür und gilt als schmalstes Haus Amsterdams. Ein wenig 'Wohnraum' findet sich erst im hinteren Teil.

Folgen Sie dem Singel bis zur zweiten Brücke (Blauburgwal). Hier rechts abbiegen, über drei Brücken gehen und links abbiegen. Sie sind nun an der Prinsengracht.

Biegen Sie auf die zweite Straße rechts ein (sie heißt Egelantierstraat), dann die nächste links und vor bis zur Egelantiersgracht. Hier rechts abbiegen, geradeaus weiter.

Die zweite Brücke überqueren (links), und immer geradeaus bis zur Rozengracht – das ist eine große Hauptverkehrsstraße. Hier links abbiegen. Wenn Sie auf der nächsten Brücke sind, können einen schönen Blick auf die Westerkerk genießen.

Tipp: Wenn Sie den Weg abkürzen wollen, gehen Sie, sobald Sie auf der Prinsengracht sind, einfach geradeaus weiter bis zur Westerkerk.

De Westerkerk (die Westkirche)

liegt mitten im Jordaan zwischen Prinzen- und Keizersgracht und steht unter Denkmalschutz. Sie wurde 1620–1631 von Hendrick de Keyser als größte protestantische Kirche ihrer Zeit im Renaissancestil erbaut.

Nach seinem Tod führte sein Sohn Pieter de Keyser den Bau fort. Sie hat die Form eines Doppelkreuzes, ist 48 Meter lang und 28 Meter breit. Bis zum hölzernen Tonnengewölbe im Mittelschiff misst sie in der Höhe 27,5 Meter. Abgesehen vom Hauptgesims im Erdgeschoss, den Säulen, Bögen, Rippen und Pilastern, die allesamt aus Bentheimer Sandstein bestehen und dunkelgrau gestrichen sind, ist die Kirchen vollkommen in Weiß gehalten. Da sie freisteht, kann das Licht durch ihre 36 großen Fenster von allen Seiten ungehindert einfließen und wird zusätzlich von den weißen Wänden reflektiert. Das lässt sie im Inneren besonders hell erstrahlen und macht ihren ganz besonderen Charme aus.

Im nördlichen Teil liegt Rembrandt van Rijn begraben. Auch sein Sohn Titus und seine Geliebte Hendrickje Stoffels sowie der fränkische Apotheker Johann Rudolph Glauber (Glaubersalze) und einige berühmte Maler fanden in der Kirche ihre letzte Ruhestatt.

Bei ihrer Einweihung im Jahre 1631 besaß die Westerkerk noch keine Orgel, denn Instrumentalmusik in Kirchen war bei den Protestanten verpönt. Erst fünfzig Jahre später wurden, nach langen Auseinanderset-